CAMINO INCA

BARTONJ.

EDITIONS POINT IMAGE-JVDH

D 2003/7054/82
ISBN 2-930110-92-9
Couleur de couverture: C. Crickx

EDITIONS JVDH
Rue du Pommier, 589
B - 1070 BRUXELLES
Fax: 02 527 04 72
E-mail: pointimagejvdh@hotmail.be

DCL PRINTERS
Avenue de Jette, 352
B-1090 BRUXELLES
Tél.: 02 424 06 73 - Fax: 02 424 07 39
E-mail: dcl.printers@skynet.be

24 JUILLET 1911
EXPÉDITION YALE-PÉROU
Ils vous invitent à prendre un maté de coca dans leur hutte, señor Bingham.
Qui sont-ils exactement, Carpio? J'étais venu ici pour trouver des ruines, non des parias!
Recharte et Alvarez... En s'installant ici il y a quatre ans, ils se mettaient à l'abri des sergents recruteurs de l'armée péruvienne.
Ce sont des illégaux, señor.
Je ne vois là que de pauvres hères travaillant la terre.
Yusulipayki.
Que es eso?
Un cadeau, señor. Je pense qu'ils craignent que vous les dénonciez.
?
Dis-leur, Carpio, que le plus inestimable cadeau serait qu'ils me montrent des ruines!
?

Tu veux voir la maison de l'Inca ?
Qu'est-ce que tu me chantes là, gamin? Tu as bien dit inca ?
Attends, petit ! ... Pas si vite! Carpio... CARPIO ...!
Señor Bingham !?
Je l'ai à nouveau perdu... Ah! Si... Je l'entends!
Napaykullayki !
...Napaykullayki...
?!
...Napaykullayki...
Grands dieux!
Elle est là... pour moi... À mes pieds!
La cité perdue! La cité sans nom de Charles Wiener... Désormais, elle portera le nom de cette montagne...
Machu Picchu!

3 MAI 2002 ...
Como está?
EXPÉDITION FOREST LEAN
Nous ne pouvons attendre demain, Luis. Il faut l'ensevelir cette nuit.
Le malheureux n'aura pas résisté à cette maudite fièvre... Il ne faut pas rester ici Aquilino! La mort a toujours le dernier mot...
Cheqaymi!
Et je ne veux pas mourir si près du but!
La croix du Sud...
Puisse-t-elle nous...?
AAAAAHH
?!

Matita del Carmen!
Que se passe-t-il Luis?
Un signe! Enfin un signe!
Nous devons être dans un de leurs cimetières ...Aquilino!?... Aquilino!?...
Je suis toujours là, señor...
!?
Dieu du Ciel! Un pont! Comme s'ils l'avaient emprunté hier...
Ce matin, il y avait encore cinq siècles qui me séparaient d'eux. Cette nuit, il n'y a plus qu'un pont. Tu m'entends Aquilino?... Aquilino?!
...Nous marchons dans leurs pas... Je marche dans leurs pas...!!!

CUZCO
8 JUILLET
OPTICA
OPTICA
Un momentito!
Buenas tardes!
Se vous montre de suite l'objet ?
Como lo quiere!
Votre empressement est si grand, señora! Je crains pourtant de vous décevoir ...
Vous êtes mon seul espoir ...!
Oh!
Qu'y a-t-il ?
C'est un faux ...!
... conforme à l'original!
Confiez le moi quelques jours...
Je ne connais même pas votre nom!...
Je suis la mémoire de mille noms et de mille lieux. Lequel souhaitez-vous entendre, señora ?
?
Celui dont j'ai plus de mille fois rêvé ... ...Païtiti...

PAUCARTAMBO, 10 JUILLET
Angel vous cherche, doctor !
CENTRO MEDICO PAUCARTAMBO
PEPSI
Angel tu dis ?! Et où est-il ?
AFUMOSA
POLICIA NACIONAL DEL PERU
DIOS PATRIA LEY
INCA KOLA
On l'a trouvé sur la piste entre Patria et Tres Cruces.
PNP COMISARIA PAUCARTAMBO
PLAZOLETA MANCO CAPAC
VENTA DE GAS PROPANO
A première vue, il n'est pas de Paucartambo... et de toute façon bien en peine de nous raconter son histoire !
Soit ! Où est-il ?
Il est là... dans le pick up.
!?
Bon sang ! Il est vivant ! ...En état de choc ! Tout n'est peut-être pas perdu.
TOUT TOUT

* Nous sommes sans nouvelles...

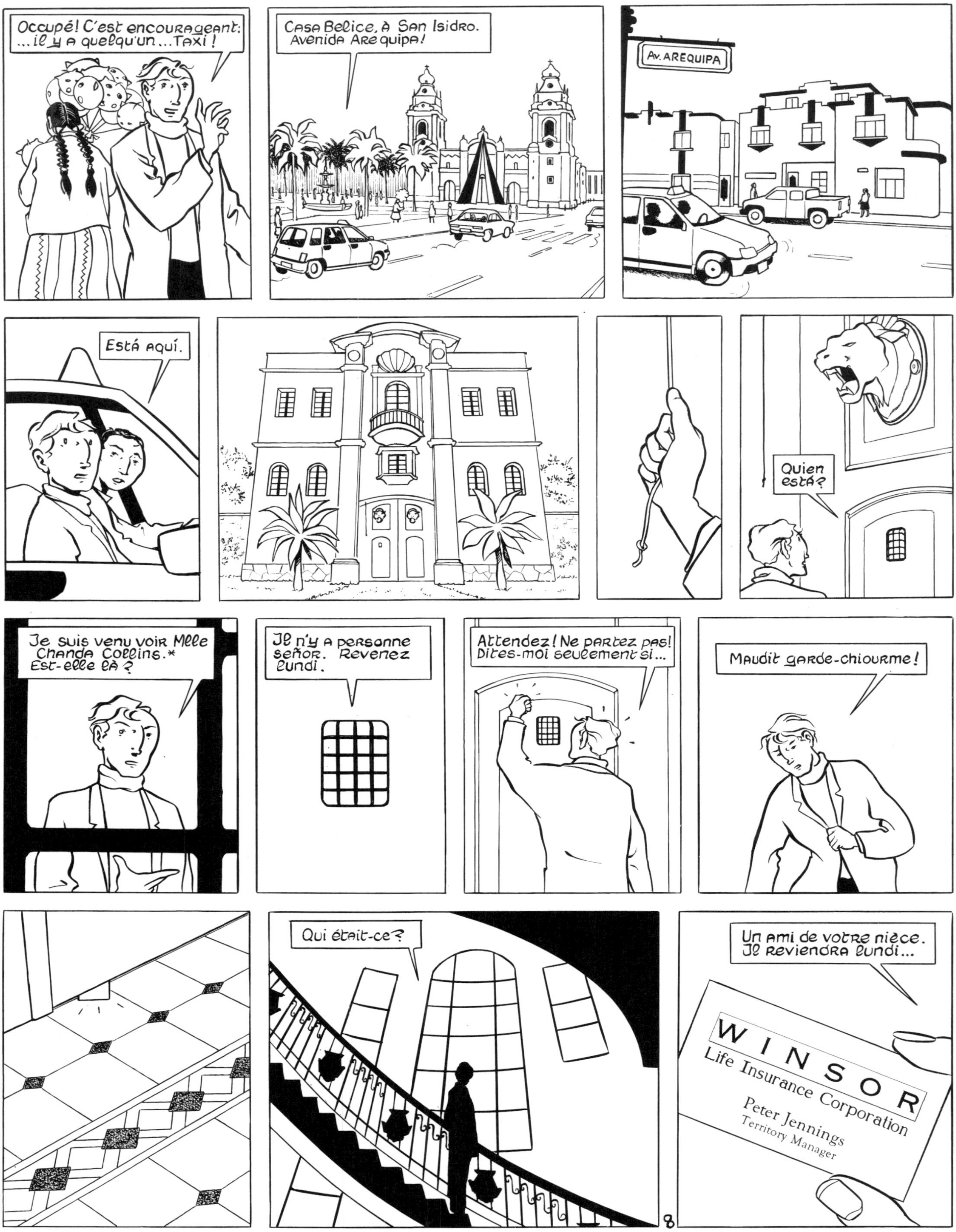

* voir Indian Way

N'oubliez pas mon nom, señorita!... Jennings. Peter Jennings... Si jamais on me demande!
No olvidaré, señor.
FOTO CHELA
PROM PERÚ
Anselmo's ALPACA
TIPS
CEPCIÓN
VISA
DRING
DRING
Hostal España. Sí! ..¿Como? Sí! Je crois qu'il est arrivé ce matin, señor. Voulez-vous que j'aille vérifier ?
El Comercio
TRAICIÓN A AREQUIPA
PAÏTITI O PAÏKIKI ?
Les linguistes n'ont pas fini d'épiloguer sur le sens exact du mot Païtiti . Au mystère de l'existence de la cité inca s'ajoute, en effet, celui de la signification du nom qui la désigne. L'étude des langues indiennes a permis d'imaginer deux collines, voire deux pumas ! Et si, comme le soutiennent certains, Païtiti était la déformation du nom quechua Païkiki (comme lui) ? On se met alors à rêver d'une cité perdue jumelle de Cuzco, la capitale inca ...
Qu'il en soit ainsi! Nous attendrons lundi.

Le lendemain matin, à la terrasse de l'España...
MONTESINOS
La Repúblic
J'ai été dérangé toute la nuit par des grattements à ma porte, señorita !?
Au 1er étage c'est Carla. Au 2ème Clarita. Elles sont incorrigibles!
?
EXIT
HOSTAL ESPAÑA
ALAN
BANCO
!
Disculpe! Que signifie la présence de tous ces déguisés ?
?
URUBAMBA
Qué tal ?
Hola!
Quel est ce drapeau arc-en-ciel ?
Le drapeau inca, señor!

24 heures plus tard... un dimanche triste et gris sous la bruine.
Un pisco sour?...
?
Buenos dias!
Buenos dias!
Huevos revueltos, trois oeufs, y un café negro. Pronto!
Un vieux client m'a suggéré l'apéritif national. Mais à cette heure indue, je vais plutôt me contenter d'un café.
Sí señor!
VENADO
OFICINA
DRING
DRING
Sí señor! Je fais de suite le nécessaire.
Cécilia !?
Un taxi vient chercher le client du second dans une demi-heure. Je l'ai vu monter à la terrasse. Prévenez-le! Voici le numéro du taxi.
J'étais au courant, señora. J'y vais immédiatement.
D'où venez-vous?
Puerto Barrios au Guatémala. Vous ne pouvez pas connaître...
Un message pour vous señor!
!

ADC PE 261
ADC261
C'est la señorita Collins qui vous envoie?
No sé, señor.
...Tout est à côté de vous...
DIOS ES AMOR
A côté ...?!
Chanda m'attend à Cuzco !?
AEROCUZCO
Es posible. No sé. Demain matin, je vous conduirai à la piste d'envol.
Mais... Et à présent, où allons-nous?
Je suis chargé de vous faire visiter Lima, señor...
?
En fin d'après-midi, à l'España.
Pouvez-vous préparer ma note señorita? Je quitte Lima demain.
...
NO TOCAR
¿
12
CARLA

LE MÊME SOIR À PAUCARTAMBO
A-t'il parlé aujourd'hui ?
Il n'était pas encore en état.
CENTRO DE SALUD PAUCARTAMBO
MATERNIDAD
SALUDABLE Y·SEGURA
Derecho de toda mujer
DIRECCION REGIONAL DE SALUD CUSCO
...Mais le docteur Morbourg garde bon espoir. En ce moment, il est au chevet de son malade...
Qu'il me fasse signe quand il sera revenu à lui. Nous venons d'établir son identité : Cet homme est passé à Paucartambo en avril dernier...
!
PE -9069
Pouvez-vous me dire quelle mouche m'a piqué ?
En l'occurence, il s'agirait plutôt d'un chien !... Mais ne plaisantez pas avec la leishmaniose, señor Bolton ! Vous vous en êtes tiré à bon compte.
Thanks ! Thanks !
Avec la main qui me reste, toubib, je vous élèverai une statue.
Une poignée de main me suffira ! Merci.
Je ne peux rien faire de plus.
...jaguar...

?
...Lean...
Quel nom avez-vous dit ? ...Lean ?!
Forest Lean ?!
...W...WAKA...
...
Bon sang !
En espérant que la nuit soit bonne... S'il recommence à délirer, doc, je me ferai un plaisir de vous réveiller !
?
ZORKA !?
DIGA NO A LA DROGA
Vous pouvez disposer. J'assurerai la garde de cette nuit.
Le policier Angel est venu ce soir, doctor.
L'homme qui reçoit vos soins s'appelle Victor Pauca. Il faisait partie de l'expédition Lean...
Hum ! C'est possible ! Son état m'inquiète. Il n'a toujours pas proféré le moindre mot. Prévenez Angel : J'interdis toute visite !
Muy bien doctor !
Buenas noches, doctor !
2002
WAKA PAN AZUCAR
Lima Perú
T.R. HARRISON
90°

LIMA, LUNDI 15 JUILLET, PEU AVANT LE JOUR...
ALAN PERÚ
PRESIDENTE
Adios!
Le comptoir d'AeroCuzco est en face. De l'autre côté de la piste.
DANGER
FUEL
TAXI AEREO
OVER FLIGHT TO NAZCA, CUZCO SPECIAL PRICES
AEROCUZCO
SALA DE ESPERA
OIL
Voici l'enveloppe! Je vais le chercher. Il doit être arrivé.
8-1460
Hola! Bienvenido señor...
Un momento por favor!
POR CAMBIO
2
AEROCUZCO
...?
Sangre de virgen!
ABIERTO
Et alors quoi?
Allo!... Allo!... Ici Manuel. Hay un problema, señor!
Lui aussi est descendu à l'España. Et à présent il est ici! Je ne sais pas par quel sortilège... Que dois-je faire?
?

...L'éliminer...?!?
DANGER
FUEL
DANG
FUEL
Señor Boltz ?
!
Peter Jennings... Souvenez-vous! Jl est venu vendredi pour rencontrer la señorita Chanda...
A-C
D-F
L-N
Commandant Marco... Vous avez vu Manuel ?
Jl... il faut décoller immédiatement ! Question de vie ou de mort !
?
No es posible! Nous ne recevrons pas l'autorisation. ...La garúa, señor! Vous croyéz qu'il suffit de quelques tours d'hélices pour dissiper toute cette brume ?
!?
Basta! Nous ferons avec la garúa et sans les autorisations. En voiture! Jnutile d'attendre Manuel: J'ai entendu de lui tout ce que je voulais savoir.
N'ayez pas d'inquiétude, señor! Jl n'est pas près de monter dans l'avion.
J'espère, señor, que votre mission vaut bien la prise de tous ces risques.
Le contact radio, coupez-le!
TIPS ARE WELCOME
08-1460
?

AEROCUZ
NO SMOKING
...?
?!
Nous décollons. Que Dios nos proteja!...
Il a déjà tant fait pour moi en quelques minutes... Il ne va pas s'arrêter là!
NO FUMAR
Sangre de virgen!!
Ouf!
L'enveloppe est derrière vous...
NO FUMAR
Encore!? Vous avez décidément une curieuse façon de distribuer le courrier au Pérou!
?

Maldición!
?
Si el jefe l'apprend, il me tue.
Une solution doit pouvoir se dégager... A moi de la trouver!
Mais vite, très vite!
Vous n'aimez pas vos oeufs, ce matin, señor ?
Je vais vous dire ce que je n'aime pas, señorita!
...Devoir attendre entre un perroquet alcoolique...
Pisco... Pisco... Pisco sour ...
...et une tortue sénile que les événements se passent!!!
La personne que vous deviez rencontrer hier viendra peut-être aujourd'hui, señor. ... Estamos en Perú...
8
PAÏTITI, MITO O REALIDAD ?
Dans une précédente édition, nous évoquions l'inquiétude grandissante concernant le sort réservé à l'expédition **Lean Perù** dont l'objectif, rappelons-le, était non moins que la découverte de la légendaire ***Païtiti***. Partie de Cuzco le 4 avril dernier sous la conduite du docteur Forest Lean, le monde était resté sans information aucune depuis que les dix hommes du corps expéditionnaire avait pénétré dans la difficile et hostile région de la ***Madre de Dios***. L'arrivée ce soir, dans un état de santé jugé préoccupant, du dénommé Victor Pauca au puesto de salud de Paucartambo, bien loin de rassurer les autorités, suscite au contraire de nouvelles interrogations.
Voilà qui change tout!
El Comercio
Tout va bien señor Boltz ?
Appelez-moi... Harry!

AU MÊME MOMENT À PAUCARTAMBO...
No está aquí señor.
Tournez à gauche avant le pont. Vous verrez... L'hopital est après le cimetière.
LABO DENTAL
CARNICERIA
AQUI
PE -7119
CEMENTERIO MONUMEN
PAUCARTAMBO
Toi qui passes, regarde, observe malheureux que tu es! - Cette maison nous accueillera tous
Mortel qui que tu sois arrête-toi - lis, médite je suis ce que tu seras, tu es ce que j'ai été
ENTRE !!
...Et n'oubliez pas, señor Bolton, de vous conformer aux prescriptions du docteur Morbourgh!
Don't worry! Good bye nurse!
TIPICOS
CAFE PAPA LUCHO
ALQUILER Y VENTA
♪ Bendisionta qowayku ♪ Mamay ♫
Huchuy hatun ♪ wawaykikunaman ♩
♪ Ay Mamallay, Ay Nust'allay ♫
♫ Chayman chayman ♩♩ minichaykukuspa ♪ ...
?
Ce que vous me demandez là est délicat señor...
Le docteur a bien insisté: Aucune visite! Mais pour un proche parent, il ferait certainement exception...
Muy amable, señorita... Je souhaiterais rester seul avec lui.

... ET UN PEU PLUS TARD À CUZCO.
VIVA EL PERU
El centro de Cuzco?
Sí!
Está aquí!
PEPS
FELIZ VI
Polleria MASSIEL
CUSCO CA
Le commandant Marco m'avait déposé en bout de piste, histoire de rendre la plus discrète possible mon arrivée dans l'ancienne capitale inca...
...car j'avais tout lieu de croire que Manuel n'en resterait pas là.
Foto con señor lama?
Un sol!
Non merci! Je connais mes classiques!
Pour l'heure, il me fallait trouver un petit coin calme pour faire le point.
PERÚ
Disculpe... Où peut-on manger de la cuisine typique, ici, à Cuzco?
?
La quinta Eulalia? A gauche.
VIVA EL PERU
CUSQUEÑA

CUSQUEÑA
CUSQUEÑA
El plato típico.
BIENVENIDOS QUINTA EULALIA
CUSQUEÑA
VA PARA TI
Encore et toujours Païtiti!
?
Païtiti es un sueño...
Un rêve, Païtiti? La presse péruvienne semble pourtant en parler comme d'une réalité intangible!
Mais qu'est donc l'ultime réalité?
Inti qan reqsiki
Pardon?
Vous prétendez donc que la cité fabuleuse qui a donné la fièvre à des générations d'archéologues n'a jamais existé!
Elle a existé...
UENA
CUSQUENA
Il y a plus de 10.000 ans, Viracocha fondait Païtiti. Il venait de Lémurie, le continent du Pacifique aujourd'hui disparu... L'antique berceau de la sagesse et de la science des hommes.
Plus tard, ses fils ont traversé les Amériques et ont peuplé Atlantis. Et les fils de ses fils ont fait la grandeur d'Al Kémit, la terre des Pharaons... Païtiti incarne ce rêve inca de grandeur et de splendeur retrouvées.
Très intéressant mais...
Hé! Qu'est-ce que c'est que çà?
El plato típico, señor. Le plat typique de Cuzco. El cuy, c'est-à-dire...
...le cochon d'Inde!

* voir Indian Way

ENTRETEMPS À PAUCARTAMBO...
MALARIA
MATA!
Le docteur ne devrait plus tarder! Il est parti tôt ce matin pour Challabamba et... Oh! Le voilà justement qui arrive!
JUNIO
Doctor, il y a...
J'ai vu. Je m'en occupe de suite... Comment va Victor Pauca ?
J'ai de bonnes nouvelles doctor! Beaucoup mieux!
La visite de son grand-oncle semble lui avoir fait le plus grand bien.
!
Beaucoup mieux? C'est peut-être beaucoup dire!
Essayez de vous souvenir! Où avez-vous vu des pyramides?
Où sont les wakas ?
Impossible de lui soutirer un mot! Mais qu'est-ce qui peut bien le mettre dans pareil état?

BASURA
30
GRACIAS
SU VISI
NUEVO
CHOCOLATE
OLLANTA
SERIFE
Rosa
Lacustre
32

Je suis tombé chez un fou !!
Bah! Le lit est excellent! C'est l'atout majeur... Au diable les "mummy dolls"!
Qu'est-ce que vous faites dans mon lit ?
C'est... c'est vous qui dormez ici?
Vous y voyez un inconvénient? Comment êtes-vous entré?
Avec ceci, of course...
Rosa 32
...et avec ça!
Ils m'ont été livrés ensemble.
Si vous êtes venu pour le quipu...
...il n'est pas ici!
?
DRING
DRING
DRING
Collins A27.56
Well! Faites le monter.
!
Une visite impromptue. Je dois vous laisser... Je ne serai pas loin, chambre 32.
Je... je reste ici?
Vous êtes armé, vous décidez! Mais vous quittez mon lit!

Trahie! J'ai été trahie!
?
Même entier, le quipu n'aurait pu vous aider à le retrouver, señora. La Madre de Dios est impénétrable pour les non-initiés.
Le retrouver !? Retrouver qui ?
Forest Lean !!
Retrouver ce traître !? Mais vous n'avez rien compris!
Une seule chose compte à mes yeux : parvenir à Païtiti. Et je sais que vous pouvez m'y aider !
!
Cuidado!
Tout ce que je vous dirai, je veux que vous l'oubliez !
Je... vous le promets.
!
Et maintenant, il va vous falloir oublier, señora.
?
De l'air... vite... Je n'y arriverai pas!
PAN !

CENTRO DE SALUD
PAUCARTAMBO
...JAGUAR... JAGUAR!!
MINISTERIO
DE SALUD
...Y AHORA, "CARRITO PASAJERITO" UNA CANSIÓN" Y UNO WAYNO ...
EOSINA
SOLUCIÓN
2%
?

* Région des Forêts tropicales

CUZCO
16 JUILLET
MIAOUWW...
Le jour ! Le jour s'est levé... Brrr ! Je suis gelé. Vivant... mais gelé.
!?
L'étrange pouvoir de ces feuilles ! Si je n'avais pas tiré dans la vitre, que serait-il advenu de moi ?
Hum ! Par elle-même, la feuille ne sent pas. Et pourtant j'ai du nez !
Lisa Korgold
Un quipu !? Mais que fait cette pierre au milieu de tous ces noeuds ?
Harry Boltz...?
?
Je vous attendais...

Je suis là, Miss Korgold!
Que m'est-il arrivé?
Mais... ne me dites pas que j'ai dormi par terre?
Et si je vous disais que vous m'avez donné votre lit?
...Si vite!?
Vous pouvez me dire tout ce que vous voulez. J'ai un vide immense dans la tête... Quand êtes-vous arrivé chez moi, Harry?
Juste à temps pour apprendre avec vous que le quipu ne vous serait d'aucune aide.
C'est alors que je me suis évanouie, n'est-ce pas?
Il ne faut pas rester ici, miss Korgold. Vous n'y êtes plus en sécurité. Je vous expliquerai tout... Dites adieu à vos chères momies et partons au plus vite!
Que fait-on du quipu? Faut-il l'emmener?
Les chats adorent jouer avec des bouts de ficelle...
CLAC
Par ici personne ne remarquera notre départ.
Je vous confie le volant. Mais ne me l'abîmez pas!

* voir Indian Way

Bref ! Oublions cette histoire de fille et Revenons à nous ! Vous évoquiez l'existence d'un survivant... Cela voudrait-il dire...?
Siente el sabor de vivir!
Le communiqué n'en dit pas plus... C'est Forest Lean qui vous préoccupe, n'est-ce pas ?
C'est mon demi-frère...
Le demi-quipu, ce ne peut être que lui...
Je me pose des questions à votre encontre, Harry. Il m'avait été rapporté que vous étiez sans coeur et sans esprit !
Alors, appelez-moi Peter et parlez-moi de ce quipu que vous envie la terre entière.
Une longue histoire en vérité... qui nous ramène en 1911...
... à la découverte de Machu Picchu ...
Toutes les pièces exhumées furent rapatriées à Yale dans le Connecticut...
P-32
...et, à la mort d'Hiram Bingham en 1956, l'Université de Yale hérita de la collection privée du découvreur de Machu Picchu.
Au nombre des objets qui avaient eu sa préférence, une pièce frappa l'imagination des examinateurs : un quipu qui, fait étrange, recelait dans ses noeuds une grosse pierre de jade.
Le quipu inca permettait au trésorier de consigner les biens de l'empire au moyen de noeuds sur des fils de laine.
CONTA DOR
Mais, ni dans ses écrits ni lors de ses conférences, Bingham n'évoqua l'existence de cet objet auquel il voua sa vie durant un attachement empli de mystère.
Etait-ce la seule présence de la pierre de jade qui le singularisait de tous les autres quipus recensés à ce jour ?
Quoi qu'il en soit, le premier à avoir fait preuve d'imagination fut Nelson Bailey...

Pour Bailey, le quipu de Bingham n'en est pas un. Il y voit la représentation des voies de communication incas. Et la pierre de jade, au milieu des noeuds routiers, la capitale de l'empire: Cuzco.
Hum ! Une théorie qui ne tient pas la route...
Alpaca 21
Quelques années plus tard, là où Bailey voyait des chaussées incas, Kane pense à des rivières et dans la couleur verte du jade, il rêve aux profondeurs du lac mythique d'où émergea Cuzco.
Forest Lean qui, dans ces années-là, est chargé de cours à l'Universidad Católica de Lima, a l'occasion d'examiner le quipu. Il reprend l'idée de Kane en la replaçant dans le contexte historique et géographique de sa découverte.
Marina por la Región
Machu Picchu ?
Claro que sí !
MACHV PICCHV
Il ne fait aujourd'hui plus aucun doute que, pour des raisons encore inconnues, Machu Picchu fut abandonnée des incas bien avant l'arrivée de Pizarre et de l'envahisseur espagnol. Dès lors Lean imagine que le quipu fut laissé par les derniers occupants pour indiquer leur nouvelle destination.
CON QVIS TA.
1532
L'arrivée de Pizarre augura, pour le peuple inca, 40 années de violence et d'humiliation qui prirent fin avec la mise à mort de Tupac Amaru, le dernier Inca. Une légende rapporte que la splendeur des fils du Soleil régnera à nouveau le jour où la tête de Tupac Amaru sortira de terre...
CORTALE-LA-CAVESA A-TVPAC AMARV
1572
Vous évoquez là la légende de Incari, la résurrection de l'Inca-roi ? Mais où aura lieu cette renaissance ?
Seul le Soleil le sait !... Inti qan reksiki ! Peut-être dans le dernier bastion inca, celui-là même qu'ils ont rejoint après avoir quitté précipitamment Machu Picchu...
...et que semble désigner la gemme de jade dans le quipu de Bingham : ...Paititi...

AU MÊME INSTANT SUR LA ROUTE DE...
RESTAURANT SR DE CCOYLLORITTY
HOY SOPA EXTRAS CALDOS
PASE
MENU del DIA S/3.
Cerveza CUSQUEÑA
Paucartambo Paucartambo Paucartambooo !
NO.1921
Nous sommes repartis ! Nous arriverons à Paucartambo en pleine fiesta.
Quelle fête ?
DIOS NOS PROTEGA
MENU
DESAYUNO
ALMUERZO
CENA
S/3.
EXTRAS
Virgen del Carmen
Une vierge de plus ! N'importe où dans le monde, plantez-y une croix et tôt ou tard, il y fleurira une vierge !
Oh !
HAY UNA SOLA Y EL PERÚ SABE POR QUÉ
INCA KOLA
Y ya ! Si elle nous permet de passer inaperçus !
Précaution désormais inutile, señor ! Nous ne sommes plus à Lima et l'enlèvement de Lisa Korgold n'est plus à l'ordre du jour... Victor Pauca sera plus loquace que son quipu.
Nous aurions pu profiter de notre passage à Cuzco ce matin pour nous débarrasser de ce...
Jennings ? C'était courir des risques inutiles, señor. Le principal n'est-il pas d'arriver à Paucartambo avant lui ?
routard
Les premières maisons de Paucartambo...
?
Sandy
I ♥ BRITNE

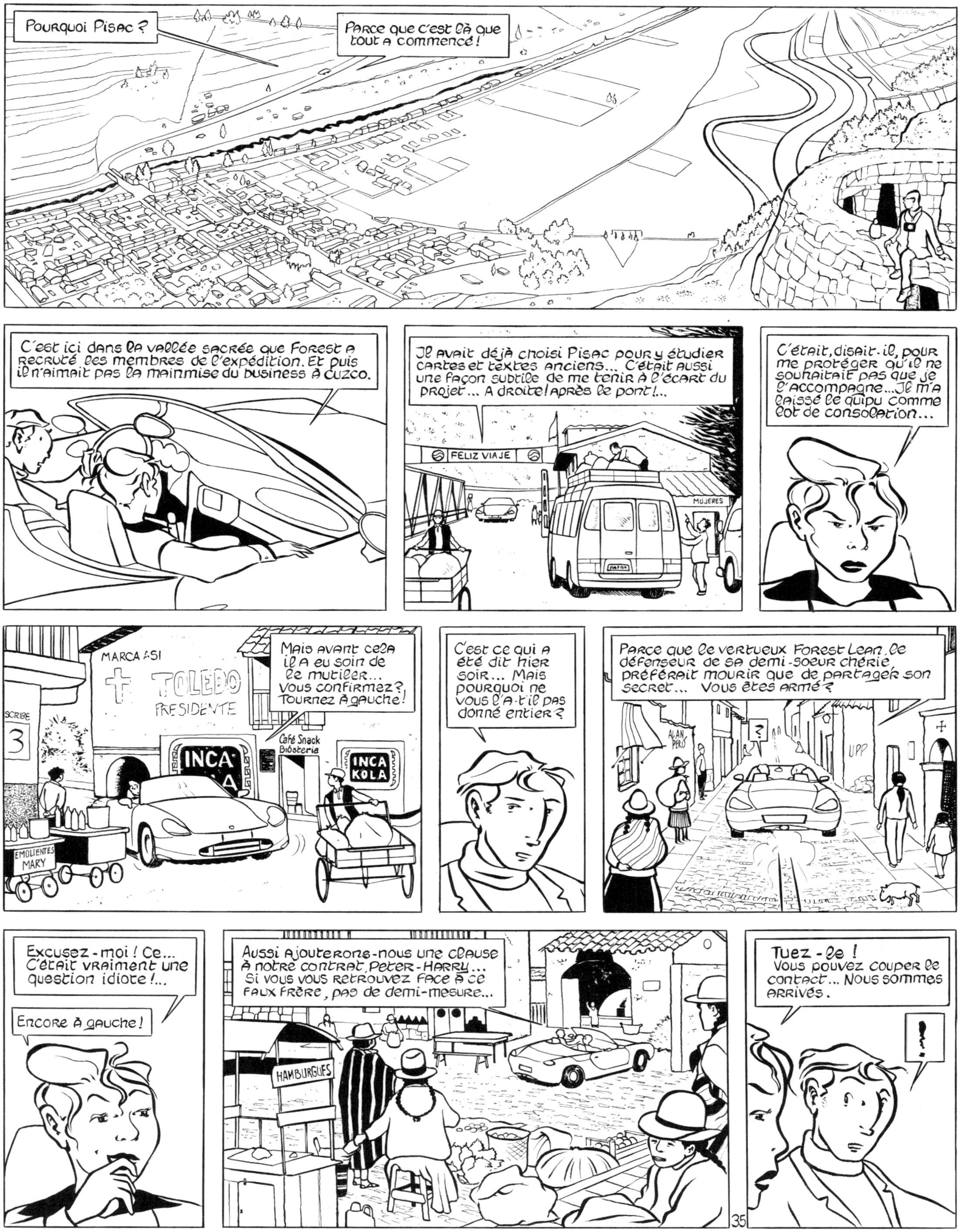
Pourquoi Pisac ?
Parce que c'est là que tout a commencé !
C'est ici dans la vallée sacrée que Forest a recruté les membres de l'expédition. Et puis il n'aimait pas la mainmise du business à Cuzco.
Il avait déjà choisi Pisac pour y étudier cartes et textes anciens... C'était aussi une façon subtile de me tenir à l'écart du projet... A droite! Après le pont!...
FELIZ VIAJE
MUJERES
C'était, disait-il, pour me protéger qu'il ne souhaitait pas que je l'accompagne... Il m'a laissé le quipu comme lot de consolation...
MARCA ASI
TOLEDO
PRESIDENTE
SCRIBE
3
INCA KOLA
Café Snack Biosteria
EMOLIENTES MARY
Mais avant cela il a eu soin de le mutiler... Vous confirmez ? Tournez à gauche !
C'est ce qui a été dit hier soir... Mais pourquoi ne vous l'a-t-il pas donné entier ?
Parce que le vertueux Forest Lean, le défenseur de sa demi-soeur chérie, préférait mourir que de partager son secret... Vous êtes armé ?
ALAN PERU
UPP
Excusez-moi ! Ce... C'était vraiment une question idiote !...
Encore à gauche !
Aussi ajouterons-nous une clause à notre contrat, Peter-Harry... Si vous vous retrouvez face à ce faux frère, pas de demi-mesure...
HAMBURGUES
Tuez-le ! Vous pouvez couper le contact... Nous sommes arrivés.

Nous n'avons pas de temps à perdre ! Direction le dispensaire ! Rápido !
PEPSI
!
Disculpe, señora ! Sabe usted donde está el centro de salud ?
Mana uyanichu.
Elle ne parle que quichua, señor.
?
El centro de salud est fermé pendant la fiesta, señor. Mais vous trouverez le docteur dans la sacristie.
Vous y verrez aussi la virgen del Carmen... Vous pouvez lui demander tout ce que vous voulez.
Muy amable !
Euh ! Attendez-moi ici señor !
Çà me convient. Je préfère la lumière aux ténèbres !
En la vida y en la muerte, Madre mia, ampáranos con tu sombra.
Gloria a Dios para los hombres
Tous mes voeux de réussite, Richard ! Néanmoins toutes les énergies seront les bienvenues pour vous assister dans ce périple. Prenez ceci...
?
C'est un apu, un esprit de la sierra. Je vous aidera dans les moments difficiles.

Je suppose que vous savez aussi conduire les autobus ?
KG-2119
SM-6661
... parce que vous comptiez vous rendre à Païtiti en bus ?!
Very funny !! Ce bus nous transportera avec les porteurs et l'équipement jusqu'à Patria, le premier village de la selva.
9152
STOP
Vous parlez là comme si dans votre esprit, il ne faisait aucun doute que Victor Pauca allait vous faire de grandes révélations...
Muy bien !
Aramayo está en la iglesia, doña Lisa.
SE VENDE MAIZ BLANCO
Aramayo est le chef de mes porteurs. Il sait qu'il doit se tenir prêt à tout instant. Nous allons voir !!
O.K.
Comment les avez-vous recrutés ?
C'est Forest Lean qui les a trouvés et... qui, au final, ne les a pas sélectionnés pour l'accompagner. Je ne peux donc pas me reposer sur eux. C'est la raison pour laquelle je vous ai voulu à mes côtés.
Ce sont eux. N'hésitez pas à les tester !
Of course!
Warachi ... A sus ordones señor !
Koya ... Taytay kamachinaykipaq!
Aramayo ... A su disposición, señor !
Salud !
Peter Jennings, de Boston. On fera pour un mieux...
...

Velas ! Velas !...
Vamos ?
Vamos !
TOLEDO mas trabajo
TUUT TUUT
Il y a un petit problème, señor ... mais peut-être déjà l'ébauche d'une solution. Voulez-vous que nous mangions?
Porqué no?
Dos truchas por favor!
Pilsen
Telefono publico
Sí! señor.
MENU Hoy trucha 5/2
Sandy
...J'ai surpris une conversation entre le padre et le doctor.
POLL A LA BRASA
Il n'y a plus aucun malade au centro de salud et le doctor prépare son départ imminent pour la Madre de Dios.
Caramba! Depuis Lima je sens le coup fourré! Vous n'êtes qu'un incapable! Je veux voir le patron!
Je vous en prie, señor! Pauca s'est sans doute confié au docteur Mordourgh. Nous n'avons plus qu'à faire parler le docteur ... ou fouiller le dispensaire... Vous voyez, señor : Mordourgh, Korgold ou Pauca... Il y en aura toujours un pour nous tracer la voie!
?
Basta! C'est quoi cette cacophonie?

VIRGEN DEL CARMEN
RDO. JENNI ABARCA VILLENA
MYDMOS. FAMILIA HURTADO HONOR
2002
LOS WAYRA
Pilsen
CALLAO

J'ai été flouée... flouée... flouée... flouée une fois de plus !
Il faut positiver, miss Korgold... positiver ... positiver !
MINISTERIO DE AGRICUL
Le vrai Harry Boltz vous aurait extorqué par la force tout ce que vous savez de Païtiti. L'arme qui lui était destinée n'a rien d'un jouet.
SCHOOL BUS
?
Ah oui !? Et à quoi me servira un assureur de Boston dans la jungle amazonienne ? A me faire signer un contrat mondiale assistance ?
Je ne suis pas encore dans la jungle, Miss Korgold... Du moins pas aux côtés d'une aventurière de salon animée d'un esprit revanchard.
J hate you!
Voici Paucartambo ! Un peu de musique nous ramènera la sérénité.
Dejay lisu q'ara ama turyawaychu Mamitaykiman willayusac lisu q'ara ama turyawaychu
Pas le pont Carlos III, señor. El moderno. Atrás!
Je viens de croiser le docteur. Il se rendait justement au dispensaire.
LABORATORIO DENTAL
DANZA MAJEÑO
Le long nez me dit que c'est à 100 mètres.
Ça doit être là !
Attendez !!
J'ai un pressentiment !

Vous entendez, señor? Il y a quelqu'un!
Cette porte a été fracturée il y a peu... Bravo pour l'intuition!
Zorka? Zorka?...
H_2O_2
Curieux! Ce mur a été fraichement repeint.
Vous savez jouer du révolver?
Vous savez... dans les assurances!!
C'est vous, Zorka?
MINISTERIO SALUD
Sans doute les bruits de la fête!
HORARI
PARROQUI
SABADO
y
DOMINGO
!?
Caramba!
Vous?!
Sangre de virgen!
Madre de Dios
Qué pasa aquí?

Boltz! Harry Boltz !
Mais... señor, vous êtes armé !!
Je crois deviner le pourquoi de votre visite !
Je crois aussi deviner qu'aucun d'entre vous n'est journaliste!
HORARIO PARROQUIAL SABADO Y DOMINGO
Entrez donc!... Personne ne fume ?
APREN EL QUIC
Je crois deviner que nous ne sommes pas les premiers. N'était-ce pas un vieil homme?
Sí señor! C'était même son grand-oncle !
Le grand-oncle de Victor Pauca?
Quoiqu'il en soit, Pauca n'est plus ici. Et il n'a fait, durant son court séjour, aucune révélation à quiconque...
Mensonge, señor! Le padre de la parroquia vous a donné un plan de la Madre de Dios !
Dans la chambre de Pauca, on devine des inscriptions sous la nouvelle peinture.
Vous n'avez pas tort, doctor! La Madre de Dios... C'est bien dans les profondeurs et la moiteur de ses forêts que se cache Païtiti...
Lisa! Si tu pouvais me trouver à Cuzco le livre du missionnaire de Santo Domingo sur le peuple machiguenga. Ce sont les indiens de la Madre de Dios.
OK ! Je ferai pour un mieux !
...Une faille dans le système d'occultation de Forest Lean...
Lima Peru
A présent, messieurs, j'aurai besoin de certains d'entre vous !

Il est dit quelquepart que l'union fait la force. Et, de force, j'en aurai besoin pour retrouver...
... Forest Lean.
?
Puis-je compter sur la présence d'un médecin à mes côtés ?
... Claro que si !
... et m'appuyer sur un baroudeur chevronné arrivé tout droit de Guatémala-city ?
Puerto Barrios !! Savez-vous seulement où vous allez, señora ?
Sachez, señor, que toute ma vie durant, j'ai su quelle direction prendre !!!
MEDICINA
Dans ce cas, où vous irez, j'irai, señora !
Caramba !
Eh bien ! Moi, je vous laisse. Je retourne danser... Buenas tardes !
Voici un marché de dupes rondement conçu ! Félicitations, Miss Korgold ! Vous êtes décidément très habile !
Que... que dice ?
MEDICINA
Amitiés à votre demi-frère ! Et n'oubliez pas : Envoyez-moi une carte postale de Païtiti.
Adios y buena suerte !
Ne partez pas ! Je vous interdis de partir ! Vous êtes... Vous êtes mon assurance sur la vie ... et... et...
... Et puis vous êtes le gardien de ma mémoire perdue...

TROIS JOURS PLUS TARD...
Pourquoi nous arrêtons-nous ici Aramayo ?
Tres Cruces señor!
C'est le dernier lever d'INTI que nous verrons avant longtemps señor!
Tres Cruces. Les 3 croix. ?!?
Sí ! señor... La croix du Sud, la croix de Dieu...
...La croix des morts !
Sangre de Virgen !
Quelle est cette lumière là-bas ?
Patria, señora! Le pueblo est à 5 heures d'ici.
C'est de ce côté que Victor Pauca a été retrouvé... Aux portes de l'Amazonie.
Inti!... Inti!...
Inti!
Inti!... Inti!...
Le Soleil m'est témoin... Rien ne m'arrêtera! Dussé-je y arriver sur les genoux, j'y arriverai!! Je vaincrai la jungle... Païtiti!.. Lisa Korgold!.. Ces deux noms entreront bientôt dans l'Histoire!
FIN
DE LA 1ère PARTIE

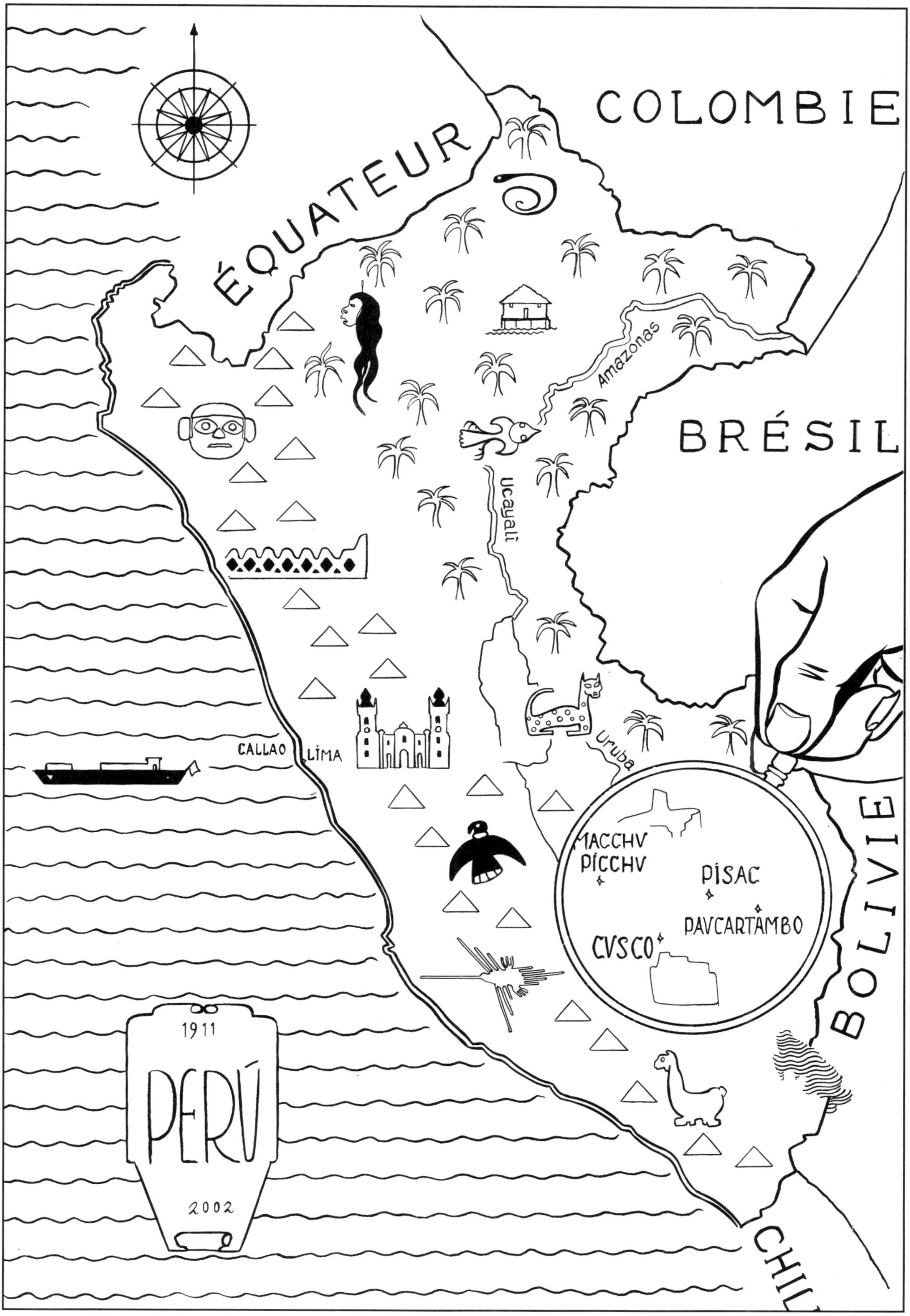

COLOMBIE
ÉQUATEUR
BRÉSIL
BOLIVIE
CHIL
Amazonas
Ucayali
Uruba
CALLAO
LIMA
MACCHV PICCHV
PISAC
PAVCARTAMBO
CVSCO
1911
PERÚ
2002